Liebe Leserin, lieber Leser!

Hell und bunt leuchten die Laternen zum alljährlichen Laternenumzug. Alle Laternen werden aus farbigem Fotokarton gebastelt und mit bunten, gemusterten Transparentpapieren hinterklebt.
Um ganz auf Nummer sicher zu gehen, empfehle ich elektrische Laternenstäbe. Es gibt sie in drei unterschiedlichen Längen (39, 50 und 75 cm). Sie sind wie eine Angel mit einem Kabel und einem Birnchen ausgestattet und werden mit Batterien gespeist.
Die hier vorgestellten Laternen zeichnen sich durch einfache und klare Formen aus, die Sie leicht auf Karton übertragen und ausschneiden können. Damit die Laternen den St. Martinsumzug gut überstehen, wurden sie mit einem einfachen Trick „verstärkt", siehe Grundkurs 1 „Stabile Motivlaternen". Somit können die Laternen nach dem Laternenfest noch weiter im Kinderzimmer leuchten, wenn Sie dazu eine kleine Taschenlampe hineinlegen. Übrigens ist so eine Laterne auch eine tolle Geschenküberraschung für Kinder oder eine schöne Dekoration für den Kindergeburtstag!

Ich wünsche Ihnen und Ihren Kindern einen schönen Bastelnachmittag !

Ihre

Petra Bauberger

Inhaltsverzeichnis

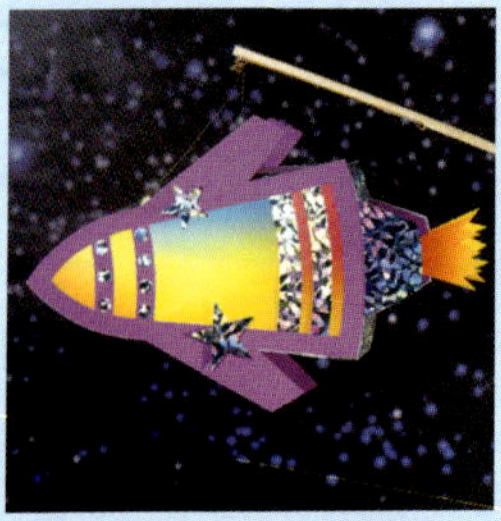

Stabile Motivlaternen

Zum Verstärken der Seiten, die mit Transparentpapier gestaltet werden, sollten je zwei Teile für die Vorderseite und zwei Teile für die gegengleiche Rückseite zugeschnitten werden.

Grundmaterial

- *Fotokarton (nach Modellangaben)*
- *Transparentpapier (nach Modellangaben)*
- *Entwurfs-Transparentpapier*
- *Bleistift, hart und weich*
- *Klebestift, Alleskleber, Klebefilm*
- *Lineal, Cutter, Schneideunterlage, Schere*
- *spitze Sticknadel oder spitze Bastelnadel*
- *Laternenstab aus Holz oder elektrisch*
- *Batterien*

1. Das Entwurfs-Transparentpapier auf die Vorlage legen und mit Klebefilm sichern. Mit einem weichen Bleistift alle Linien nachfahren. Das Transparentpapier wenden und nochmals alle Linien nachfahren. Wieder wenden und auf den entsprechenden Karton legen. Die Linien mit dem harten Bleistift und leichtem Druck nachfahren und die Teile ausschneiden.

2. Das weiße Transparentpapier auf die Vorlagenzeichnung legen und die Linien nachzeichnen. Transparentpapier zweimal zuschneiden. Das Körperteil wenden und das Transparentpapier aufkleben.

3. Für die nötige Stabilität das zweite Körperteil von hinten auf das Transparentpapier und das erste Körperteil kleben.

Mittelstreifen anfertigen

Bei fast allen Motivlaternen in diesem Buch werden Vorder- und Rückseite mit einem Mittelteil verbunden.

1. Zuerst den Mittelstreifen mit Bleistift und Lineal auf den Karton aufzeichnen und ausschneiden. Dazu können Sie auch den Cutter und das Lineal auf einer Schneideunterlage einsetzen. Nun entlang der beiden Längsseiten mit 1 cm Abstand zur Außenkante die Falzlinie mit Bleistift und Lineal aufzeichnen. Diese Linie nun mit einer Stick- oder Bastelnadel am Lineal entlang vorfalzen.

2. Für die Klebelaschen die 1 cm breiten Längsseiten jeweils bis an die Falzkante heran im Abstand von ca. 1 cm zackenartig einschneiden. Bei runden oder kleinen Motivlaternen, z. B. Sonne und Fledermaus, die Klebelaschen zu spitzen Dreiecken einschneiden. Der Streifen lässt sich so leichter an die Formen kleben.

3. Die Klebelaschen nun nach oben knicken. Zuerst die Laschen einer Seite mit Klebstoff bestreichen und an das erste Motiv kleben. Anschließend die Klebelaschen der gegenüberliegenden Seite einstreichen und das zweite Laternenteil ankleben.

Achtung: *Bei fast allen Motivlaternen wird der Mittelstreifen abschließend, entlang der Außenkontur angeklebt. Dabei unbedingt darauf achten, an welcher Stelle sich die Öffnung befindet.*

Kleiner Pirat

1. Die Laterne wird beidseitig gefertigt. Zuerst die Vorderseite arbeiten. Dazu mit dem Entwurfspapier die Vorlagen von Körper, Kopf, Dreispitz und Messergriffe je zweimal, die restlichen Motive jeweils einmal auf den entsprechend farblichen Karton übertragen und ausschneiden. Das orangefarbene Transparentpapier (siehe Pünktchen-Linie) ebenfalls zuschneiden.

2. Nun das Motiv wie folgt montieren, siehe hierzu auch Grundkurs Seite 4: Das orangefarbene Transparentpapier hinter den vorderen Körper kleben. Die Arme hinter den Ärmeln anbringen. Das zweite Körperteil von hinten dagegen kleben. Die Zipfel des Halstuchs mit der stumpfen Scherenseite wölben, aufkleben und mit dem Knoten ergänzen. Zwischen die beiden Messergriffe die Klinge kleben. Das Messer auf dem Arm fixieren und die Hand anbringen.

3. Mit dem Filzstift die Augenklappe, das Auge und den Mund aufmalen. Die Nase aufkleben. Mit Farbstift Bäckchen und Nase betonen. Ein paar Basthaare auf dem Oberkopf fixieren, den Dreispitz, Totenkopf und Knochen aufkleben. Augenhöhlen und Mund auf den Totenkopf malen. Dann das Motiv wenden. Den zweiten Kopf anbringen und darauf den Dreispitz fixieren. Den Kopf auf den Körper kleben. Den zweiten Teil gegengleich fertigen.

4. Für den Ohrring mit dem Motivlocher einen Punkt aus dem goldenen Karton stanzen und mit der Vorlage die äußere Kontur des Rings übertragen. Den Ohrring ausschneiden, an einer Stelle einschneiden und auf und hinter dem Ohr befestigen. Den Ohrring am zweiten Pirat gegengleich anbringen.

5. Für das Mittelteil einen Streifen von 48,5 x 13 cm aus orangenfarbenem Fotokarton zuschneiden. An den Längsseiten das Mittelteil je 1 cm vorfalzen. Nun die Mitte der Längsseiten markieren und beidseitig 15 cm anzeichnen. Hier die Querlinien markieren, falzen und hochknicken. In die 15 cm langen Längsseiten dreieckige Klebefalze einschneiden, dabei die Klebelaschen in der Körpermitte nicht einschneiden, und Falze knicken, siehe auch Grundkurs Seite 5.

6. Die gerade Klebelasche gegen das gerade Körperteil kleben, die Längsseiten entlang der Körperrundung anbringen. Den zweiten Pirat gegengleich montieren. Für den Drahtbügel oben zwei Löcher stechen, die Drahtenden durchführen und umbiegen.

Material

- Grundmaterial (siehe Seite 4)
- Fotokarton in Dunkelorange, Aprikose, Schwarz, Weiß, Silber und Gold
- Streifen-Karton
- Pünktchen-Karton
- Transparentpapier in Orange, extra stark
- Edelbast in Hellbraun
- Filzstift in Schwarz, Farbstift in Rot
- Motivlocher „Kleiner Punkt", Ø 12 mm
- 1 Drahtbügel

Vorlage 1, Bogen A

Fröhliche Sonne

1. Die Laterne wird beidseitig gefertigt. Zuerst die Vorderseite arbeiten. Mit dem Entwurfspapier die Vorlage der Sonne und des Sonnenrings auf den goldgelben Karton übertragen, siehe Grundkurs Seite 4, und ausschneiden. Für den Fensterausschnitt der Sonne und des Sonnenrings jeweils den inneren Kreis ausschneiden. Zum Schneiden der Außenkontur des Rings die Zickzack-Schere verwenden. Die Bäckchen auf Tonpapier übertragen und ausschneiden. Die zweite Sonne ebenso fertigen.

2. Das orangefarbene Transparentpapier auf die Vorlage legen, die Pünktchen-Linie nachzeichnen und zuschneiden. Das Transparentpapier auf die Sonne kleben. Den Sonnenring darauf anbringen. Die zweite Sonne ebenso hinterkleben.

3. Mit dem Filzstift den Mund gestalten, siehe hierzu auch den Tipp. Die Augen aufmalen und die Bäckchen aufkleben. Die Sommersprossen mit dem roten Filzstift auftupfen (die Nasen werden erst nach Einkleben des Mittelteils angebracht).

4. Für das Mittelteil aus dem goldgelben Fotokarton einen Streifen von 14 x 39 cm zuschneiden, siehe Grundkurs Seite 5. An den Längsseiten das Mittelteil je 1 cm mit der Nadel am Lineal entlang vorfalzen. Dann dreieckige Klebelaschen bis zur Falzlinie herausschneiden und Klebelaschen knicken. Für das Mittelteil entsprechend der Vorlage die Strich-Pünktchen-Linien auf beide Laternen vorzeichnen. Das Mittelteil entlang dieser Linie auf die erste Sonne kleben. Dann die zweite Sonne an das Mittelteil kleben.

5. Mit dem Messer die Moosgummikugel halbieren und als Nasen auf beide Seiten der Sonne aufkleben.

6. Für den Laternenbügel an zwei gegenüberliegenden Stellen im Mittelstreifen oben mit der Sticknadel ein Loch einstechen. Den Draht in der Mitte knicken. Die Drahtenden durch die Löcher hindurchführen und umbiegen.

Tipp: *Mundlinien können auch mithilfe einer Schablone übertragen werden. Dazu die Mundlinie vom Vorlagenbogen auf Tonkarton übertragen und sehr sauber nachschneiden. Die Schablone auf das Motiv legen und die Kontur des Mundes mit dem Filzstift nachfahren.*

Material

- *Grundmaterial (siehe Seite 4)*
- *Fotokarton in Goldgelb*
- *Tonpapier in Dunkelorange*
- *Transparentpapier, extra stark, in Orange*
- *1 Moosgummi-Kugel in Rot, 20 mm*
- *Filzstift in Schwarz und Rot*
- *Zickzack-Konturenschere*
- *scharfes Messer*
- *1 Steckdraht, geglüht, 30 cm lang*

Vorlage 2, Bogen C

Regenbogen-Bärchen

1. Mit dem Entwurfspapier die Vorlage des Rechtecks (gestrichelte Linie) viermal auf die Lampenfolie übertragen und zuschneiden. Das Regenbogen-Transparentpapier etwas größer als die Rechtecke ebenfalls viermal zuschneiden. Von der Lampenfolie die Schutzfolie abziehen. Das Transparentpapier auf die Klebefläche legen und mit dem Handballen glatt streichen. Überstehendes Transparentpapier abschneiden.

2. Mit dem Entwurfspapier die Motivteile vom Vorlagenbogen viermal auf den jeweiligen Karton, Nase und Ohrmuscheln auf Tonpapier übertragen und alle Motivteile ausschneiden.

3. Nase und Ohrmuscheln auf den Kopf kleben. Mit dem Filzstift den Mund und die Augen aufmalen. Die Bartstoppeln aufpunkten und die Bäckchen mit dem Farbstift betonen. Mit der Holzspießspitze das Deckweiß auf Augen und Nase setzen und trocknen lassen. Auf die Tatzen die Zwischenräume der Zehen malen.

4. Das Hemd auf das Fenster kleben. Das Rechteck hinter dem Fensterausschnitt anbringen. Den Kopf mit Klebekissen auf Hemd und Fenster fixieren. Mit den Motivlochern die Sterne aus Tonpapier stanzen und auf dem Fenster anbringen. In die Sternspitzen der großen Sterne (siehe Markierungspunkt) mit der Nadel ein Loch stechen. Das Garn durchziehen, verknoten und mit Klebefilm hinter der Tatze sichern. Die Tatze auf die Laterne kleben.

5. Zum Schluss die Laterne zusammenstecken. Für den Drahtbügel an zwei gegenüberliegenden Stellen der Laterne mit einer Nadel ein Loch stechen. Den Draht in der Mitte knicken, die Drahtenden hindurchführen und umbiegen.

Material

- *Grundmaterial (siehe Seite 4)*
- *Regenbogen-Stecklaternen-Zuschnitt, 13,5 x 18,5 cm*
- *Lampenfolie, selbstklebend*
- *Regenbogen-Transparentpapier, extra stark*
- *Regenbogen-Karton*
- *Fotokarton in Rehbraun und Gelb*
- *Tonpapier in Hellbraun, Schwarz und Gelb*
- *Filzstift in Schwarz*
- *Farbstift in Rot*
- *Deckweiß*
- *1 Holzschaschlikspieß*
- *Motivlocher „Großer und kleiner Stern"*
- *Klebekissen, 2 mm*
- *Nähgarn in Gelb*
- *1 Steckdraht, geglüht, 30 cm lang*

Vorlagen 3 a und b, Bogen A

Für kleine Prinzessinnen

1. Die Laterne wird beidseitig gefertigt. Zuerst die Vorderseite arbeiten. Mit dem Entwurfspapier den Körper zweimal auf rosafarbenen Fotokarton übertragen und ausschneiden. Das rosafarbene Transparentpapier nach Vorlage (Pünktchen-Linie) zuschneiden und zwischen die beiden Körperteile kleben, siehe Grundkurs Seite 4. Das zweite Körperteil ebenso fertigen.

2. Für das Mittelteil aus rosafarbenem Karton einen Streifen von 14 x 61,3 cm zuschneiden. An den Längsseiten das Mittelteil je 1 cm breit mit dem Lineal und der Sticknadel vorfalzen. Die Mitte der Längsseiten markieren und beidseitig davon 23,5 cm anzeichnen. Hier Querrillen markieren. Die Querrillen falzen und knicken. Mit der Schere die Klebelaschen herausschneiden und knicken. Das Mittelteil zwischen beide Körperteile kleben.

3. Nach Vorlage die einzelnen Motivteile auf den jeweiligen Karton übertragen und ausschneiden. Die Ärmel jeweils doppelt anfertigen. Die Motivteile wie folgt montieren: Das große Haarteil gegen den Kopf kleben. Auf dem Oberkopf die Krone und darauf das kleine Haarteil befestigen. Mit schwarzem Filzstift die Augen aufmalen und mit rosa Farbstift die Bäckchen betonen. Mit braunem Farbstift die Ohrmuscheln und das Kinn gestalten. Mit dem feinen Pinsel den Mund in Pink aufmalen. Das zweite Gesicht ebenso fertigen.

4. Die Arme zwischen den zwei Ärmeln fixieren. Dann die Ärmel gegen den Kragen kleben. Die Blumenstiele zwischen den Händen anbringen. Mit dem Motivlocher die Blütenpunkte aus Tonpapier stanzen und auf den Blumen fixieren. Die Blumen und das Blatt aufkleben. Das Motivteil auf der Laterne befestigen. Die Schmuckstein-Blümchen auf Haar und Kragen anbringen. Für die zweite Prinzessin alle Teile ebenso fertigen, dabei die Blumen gegengleich aufkleben.

5. Den Laternendraht in der Mitte knicken. An zwei gegenüberliegenden Stellen des Mittelstreifens je ein Loch einstechen. Die Drahtenden hindurchführen und umbiegen.

Material

- *Grundmaterial (siehe Seite 4)*
- *Fotokarton in Rosa, Gold, Hautfarbe, Gelb und Saftgrün*
- *Tonpapier in Rosa und Gelb*
- *Karton mit Prägedekor in Rosa*
- *Transparentpapier „Milano", extra stark, in Lavendel*
- *6 Schmuckstein-Blümchen, Ø 10 mm*
- *Filzstift in Schwarz*
- *Farbstifte in Rosa und Hellbraun*
- *Acrylfarbe in Pink*
- *Synthetikhaarpinsel, rund, Nr. 1*
- *Motivlocher „Kleiner Punkt"*
- *1 Drahtbügel*

Vorlagen 4 a und b, Bogen B

Schottisches Nachtgespenst

1. Die Laterne wird beidseitig gefertigt. Zuerst die Vorderseite arbeiten. Mit dem Entwurfspapier das Körperteil mit den Armen und das einfache Körperteil (Strich-Punktlinien) übertragen. Die Bäckchen aus rosafarbenem Tonpapier, das Halstuch aus Karo-Karton fertigen. Die Buchstaben auf schwarzen Karton übertragen. Alle Motivteile ausschneiden. Das weiße Transparentpapier (Pünktchen-Linie) zuschneiden.

2. Die Figur wie folgt zusammensetzen, siehe hierzu auch Grundkurs Seite 4: Das Transparentpapier hinter den vorderen Körper mit den Armen kleben. Das einfache Körperteil dahinter anbringen. Den zweiten Körper gegengleich arbeiten.

3. Mit dem Filzstift Augen und Mund aufmalen. Mit der Holzspießspitze das Deckweiß in die Augen setzen und die Bäckchen aufkleben. Das Halstuch nach Vorlage montieren und den fertigen Kopf darauf fixieren. Den zweiten Kopf von hinten gegenkleben. Mit der Lochzange ein kleines Loch in den Oberkopf stanzen. Das Stickgarn anknoten und kürzen. Das fertige Motivteil auf den Körper kleben. Kopf und Halstuch für das hintere Modell gegengleich fertigen und auf dem zweiten Körper anbringen.

4. Für das Mittelteil einen Streifen von 13 x 46,5 cm aus weißem Fotokarton zuschneiden. An den Längsseiten je 1 cm vorfalzen. Die Klebelaschen herausschneiden und knicken. Das Mittelteil entlang der runden Körperform gegen das vordere Gespenst kleben. Dann das zweite Gespenst gegengleich montieren (siehe hierzu auch Grundkurs Seite 5).

5. Für die Buchstaben ein längeres Stück Basteldraht spiralartig gestalten. Die Drahtenden mit einem Klecks Heißkleber hinter der unteren und auf der oberen Hand fixieren. Auf die obere Hand die Handfläche kleben. Die Buchstaben mit einem Klecks Heißkleber auf dem Draht anbringen.

6. Aus einem längeren Stück Blumendraht mit dem Rundholz eine Drahtspirale herstellen. An zwei gegenüberliegenden Stellen des Mittelteils mit der Nadel jeweils ein Loch einstechen. Die Drahtenden hindurchführen, umbiegen und verdrillen.

Material

- *Grundmaterial (siehe Seite 4)*
- *Fotokarton in Schwarz und Weiß*
- *Karo-Bastelkarton*
- *Universal-Karton in Schwarz*
- *Tonpapier in Pink*
- *Streifen-Transparentpapier „Linea" in Weiß*
- *Stickgarn in Weiß*
- *dünner Basteldraht (für die Buchstaben)*
- *Blumendraht (Laternenbügel)*
- *Filzstift in Schwarz*
- *1 Holzschaschlikspieß*
- *Rundholz, Ø 4 mm*
- *Deckweiß*
- *Heißklebepistole*

Vorlagen 5 a und b, Bogen B

HUHU

Bimmel-Wichtel

1. Mit dem Entwurfspapier die Vorlage des Rechtecks (gestrichelte Linien) viermal auf die Lampenfolie übertragen und ausschneiden. Das blaue Transparentpapier etwas größer als die Rechtecke zuschneiden. Die Schutzfolie von der Lampenfolie abziehen, das Transparentpapier auf der Klebefläche anbringen und mit dem Handballen glattstreichen. Überstehendes Transparentpapier abschneiden, dann hinter die Fensterausschnitte der Laterne kleben.

2. Mit dem Entwurfspapier die Motivteile vom Vorlagenbogen jeweils viermal auf den jeweiligen Karton übertragen. Die Motivteile ausschneiden und die Wichtel wie folgt zusammensetzen: Die Mütze auf den Kopf kleben und die Nase anbringen. Mit dem Filzstift Augen und Mund aufmalen. Mit dem roten Farbstift die Bäckchen betonen. Für die Haare ein paar Jutefäden kürzen und hinter die Ohren kleben. Die Hände hinter den Armen fixieren.

3. Das Hemd auf das Fenster kleben. Den Kopf mit zwei Klebekissen auf Hemd und Fenster fixieren. Die Hände hinter den Kopf stecken und die Arme auf die Laterne kleben, siehe Abbildung.

4. Mit der Sticknadel den Markierungspunkt an der Mützenspitze durchstechen. Eine Schlaufe aus Golddraht fertigen und die Glocke mit dem Draht durch die Mütze stecken. Die Drahtenden rückseitig verdrillen.

5. Zum Schluss die Laterne zusammenstecken. Für den Drahtbügel an zwei gegenüber liegenden Stellen der Laterne mit der Nadel ein Loch einstechen. Den Draht in der Mitte knicken, die Drahtenden hindurchführen und umbiegen.

Material

- *Grundmaterial (siehe Seite 4)*
- *Stecklaternen-Zuschnitt in Gelb, 13,5 x 18,5 cm*
- *Lampenfolie, 3 mm, selbstklebend*
- *Transparentpapier in Dunkelblau*
- *Kartenkarton in Hautfarbe und Rot*
- *Pünktchen-Bastelkarton in Rot*
- *Juteband in Orange, 3 cm*
- *4 Metallglöckchen, Ø 15 mm*
- *Filzstift in Schwarz*
- *Farbstift in Rot*
- *dünner Golddraht*
- *Klebekissen, 2 mm*
- *1 Steckdraht, geglüht, 30 cm lang*

Vorlage 6, Bogen B

Eule Eulalia

1. Die Laterne wird beidseitig gefertigt. Zuerst die Vorderseite mit dem Entwurfspapier zweimal auf den dunkelbraunen Karton übertragen und ausschneiden. Das gelbe und orangefarbene Transparentpapier auf die Vorlage legen und mit Bleistift nachzeichnen (Strich-Pünktchen-Linie). Das vordere Körperteil mit dem Papier hinterkleben und das zweite Teil von hinten dagegen anbringen, siehe Grundkurs Seite 4. Den zweiten Körper ebenso fertigen.

2. Die Federn, Füße, Augen und Lichtpunkte je zweimal, den Schnabel doppelt auf den jeweiligen Karton übertragen und ausschneiden. Die Federn mit der stumpfen Scherenkante wölben und gegen den Kopf kleben. Die schwarzen Augen anbringen und mit den Lichtpunkten ergänzen. Schnabel und Füße vorerst beiseite legen.

3. Für das Mittelteil aus dunkelbraunem Tonkarton einen Streifen von 15 x 60 cm zuschneiden. An den Längsseiten das Mittelteil mit der Nadel am Lineal entlang je 1 cm vorfalzen. Mit der Schere die Klebelaschen bis zur Falzlinie herausschneiden und knicken. Das Mittelteil an die erste Eule kleben. Dann den Streifen an der zweite Eule anbringen, siehe hierzu auch Grundkurs Seite 5.

4. Nun beiden Eulen die Füße ankleben. Den Schnabel mit der Nadel am Lineal entlang der gestrichelten Linien falzen. Den Schnabel in der Mitte falten. Die Klebelaschen knicken, mit Klebstoff bestreichen und den Schnabel auf die Eule kleben. Mit dem Bürolocher die Nasenpunkte aus schwarzem Tonkarton ausstanzen und mithilfe der Pinzette auf dem Schnabel anbringen. Den zweiten Schnabel fertigen und auf der zweiten Eule fixieren.

5. Für den Laternenbügel an zwei gegenüberliegenden Stellen ein Loch einstechen, die Drahtenden hindurchführen und umbiegen.

Material

- *Grundmaterial (siehe Seite 4)*
- *Fotokarton in Dunkelbraun, Rehbraun, Schwarz, Weiß und Gelb*
- *Transparentpapier in Gelb und Orange*
- *Bürolocher*
- *Pinzette*
- *1 Laternenbügel*

Vorlagen 7 a und b, Bogen B

Monsterschreck

1. Die Laterne wird beidseitig gefertigt. Zuerst die Vorderseite arbeiten. Mit dem Entwurfspapier das Körperteil mit und ohne Arme (siehe Strich-Pünktchen-Linie) auf den grünen Karton übertragen. Die gelben Augen auf Fotokarton, die Ohrmuscheln, Pupillen und Zähne auf Tonpapier übertragen. Alle Motivteile ausschneiden.

2. Mit der Vorlage den Zuschnitt (siehe Pünktchen-Linie) für die Lampenfolie übertragen und ausschneiden. Das grüne Transparentpapier etwas größer als die Lampenfolie fertigen. Das Schutzpapier abziehen, das Transparentpapier auf die Klebefläche legen und mit dem Handballen glatt streichen. Die Lampenfolie hinter dem vorderen Körperteil anbringen. Das einfache Körperteil von hinten dagegen kleben.

3. Die Ohrmuscheln anbringen. Die gelben Augen fixieren und mit den Pupillen ergänzen. Mit Filzstift die Nasenlöcher und Krallen aufmalen und die Zähne aufkleben. Die Mundlinie auf schwarzes Tonpapier übertragen. Eine zweite Mundlinie im Abstand von 3 mm darüber aufzeichnen und die Linien mit dem Cutter nachschneiden. Den Mund auf das Gesicht kleben. Mit der Lochzange aus schwarzem Tonpapier zwei Punkte stanzen und diese mithilfe der Pinzette auf die Mundwinkel kleben.

4. Die Haftetiketten von der Schutzfolie abziehen und nach Geschmack oder Abbildung auf dem Körperteil anbringen. Für die kleinen Punkte die Etiketten mit der Lochzange ausstanzen. Am Oberkopf mit der Lochzange den Markierungspunkt lochen und darin die Basthaare anknoten.

5. Für das Mittelteil einen Streifen von 15 x 64,8 cm aus grünen Fotokarton zuschneiden und an den Längsseiten 1 cm mit der Nadel am Lineal entlang vorfalzen. Die Mitte der Längsseiten markieren und beidseitig davon 21 cm einzeichnen. Hier die Querlinien markieren und falzen. Die mittige Klebelasche nach oben knicken. Mit der Schere die seitlichen Klebelaschen bis zur Falzlinie herausschneiden und knicken. Das Mittelteil zwischen beide Körperteile kleben.

6. Für den Laternenbügel an zwei gegenüberliegenden Stellen des Mittelteils ein Loch einstechen. Die Drahtenden hindurchführen und umbiegen.

Material

- Grundmaterial (siehe Seite 4)
- Fotokarton in Saftgrün und Gelb
- Tonpapier in Hellgrün, Schwarz und Weiß
- Transparentpapier in Hellgrün
- Lampenfolie, selbstklebend
- Edelbast in Orange
- Haftetiketten, selbstklebend in Orange und Pink, Ø 12 mm
- Filzstift in Schwarz
- Lochzange
- Pinzette
- 1 Laternenbügel

Vorlage 8, Bogen A

Katz und Maus

1. Die Laterne wird beidseitig gefertigt. Zuerst die Vorderseite arbeiten. Dazu mit dem Entwurfspapier den Körper zweimal auf orangefarbenem Fotokarton, den Kopf einmal auf Fotokarton und einmal auf Tonpapier übertragen. Die Bäckchen aus Tonpapier, die übrigen Teile aus Fotokarton fertigen. Alle Motivteile ausschneiden.

2. Mit der Vorlage die Pünktchen-Linien für Körper und Ohren auf dem Streifen-Transparentpapier nachzeichnen und ausschneiden. Das Transparentpapier von hinten gegen das vordere Körperteil, das zweite Körperteil von hinten darauf kleben. Den zweiten Katzenkörper ebenso fertigen.

3. Die Ohren mit Streifen-Transparentpapier hinterkleben. Augen, Nase und Bäckchen fixieren. Mit dem Filzstift Nasenlinie und Mund aufmalen. Für die Barthaare die Markierungspunkte mit der Nadel durchstechen. Aus dem Basteldraht sechs Barthaare mit dem Holzspieß spiralartig gestalten. Jeweils ein Barthaar durch ein Loch führen, rückseitig umbiegen und mit Klebefilm sichern. Den Kopf aus Tonpapier von hinten ankleben. Für die Haare drei Drahtspiralen miteinander verdrillen und mit einem Klecks Heißkleber hinter den Oberkopf kleben. Den zweiten Kopf ebenso fertigen.

4. Für das Mittelteil einen Streifen von 17 x 57,5 cm aus dem Karton zuschneiden. Den Streifen an den Längsseiten je 1 cm mit der Nadel am Lineal entlang vorfalzen. Die Mitte der Längsseiten markieren und davon beidseitig 20 cm anzeichnen. Hier die Querrillen markieren, mit Nadel und Lineal vorfalzen und knicken. An den Längsseiten die Klebefalze einschneiden und umknicken. Das Mittelteil zwischen beide Körper kleben. Die Katzenköpfe mit Klebekissen gegengleich auf Vorder- und Rückseite der Laterne fixieren.

5. Die Augen der Maus aufmalen und die Nase aufkleben. Die Ohren mit der stumpfen Scherenkante etwas wölben. Drei Drahtspiralen miteinander verdrillen und mit einem Klecks Heißkleber hinter der Nase fixieren. Den Kopf mit einem Klebekissen auf den Körper kleben. Für den Schwanz ein Loch in den Körper stechen. Das Garn durchziehen und mit Klebefilm sichern. Die Holzperle auffädeln und das Garn verknoten. Die zweite Maus ebenso fertigen. Den Körper der Maus auf den Kartonrand kleben. Die Katzenpfoten mit Klebekissen auf dem Karton fixieren. Der zweiten Katze ebenfalls Maus und Pfoten anbringen.

6. Für den Laternenbügel an zwei gegenüberliegenden Stellen je ein Loch einstechen. Die Drahtenden hindurchführen und umbiegen.

Material

- Grundmaterial (siehe Seite 4)
- Fotokarton in Dunkelorange, Pink und Weiß
- Tonpapier in Orange
- Transparentpapier „Linus" in Gelb
- 4 Halbperlen in Schwarz, Ø 8 mm
- 2 Holzperlen in Weiß, Ø 6 mm
- dünner Basteldraht
- Stickgarn in Weiß
- 1 Holzschaschlikspieß
- Klebekissen
- Heißklebepistole
- 1 Laternenbügel

Vorlage 9, Bogen C

Flotte Rakete

1. Die Laterne wird beidseitig gefertigt. Mit dem Entwurfspapier zuerst die Motivteile der Vorseite übertragen. Dazu die Rakete mit den Zwischenstreben einmal, das gleiche Teil der Rakete, diesmal ohne Streben, auf lilafarbenen Karton übertragen. Die Motive ausschneiden. Das Regenbogen-Transparentpapier nach Vorlage (Strich-Pünktchen-Linien) zuschneiden und hinter die Ausschnitte mit den Streben kleben. Die Teile für die zweite Rakete ebenso fertigen.

2. Die Flammen auf Regenbogen-Karton übertragen, ausschneiden und auf das Triebwerk kleben. Das Triebwerk und die Streben auf Hologramm-Karton übertragen, ausschneiden und auf der Rakete anbringen (die Flammen sind nun dazwischen fixiert). Mit dem Motivlocher die Punkte ausstanzen und auf den vorderen Streben anbringen. Die zweite Rakete ebenso fertigen.

3. Für das Mittelteil einen Streifen von 13 x 69,2 cm aus Hologramm-Karton zuschneiden. An den Längsseiten des Mittelteils je 1 cm breit vorfalzen. Nun von links nach rechts fünf Querrillen in folgenden Abständen, beginnend ab der linken Außenkante (spätere obere Wölbung bis zur Spitze), markieren: 12,5 cm, 12,5 cm, 18,6 cm, 17 cm und 8,5 cm. Die Querrillen falzen und knicken. Mit der Schere die Klebelaschen bis zur Falzlinie herausschneiden und knicken. Das Mittelteil beginnend an der oberen Rundung der oberen Raketenspitze gegen die vordere Rakete kleben. Die zweite Rakete ebenso an den Klebelaschen fixieren.

4. Die Sterne von der Vorlage „Mond und Abendstern", Vorlage 11a und b, Bogen D je zweimal auf Hologramm-Karton übertragen und ausschneiden. Je zwei Sterne mit Klebekissen auf der Rakete fixieren.

5. In das Mittelteil oben an zwei gegenüberliegenden Stellen mit der Nadel ein Loch einstechen. Den Draht in der Mitte knicken, die Drahtenden durch die Löcher führen und umbiegen.

Tipp: *Mit einem Maßband können die Maße für die Mittelstreifen nochmals an der fertigen Rakete, entlang der Außenkanten, nachgemessen und korrigiert werden (Bei diesem Modell können durch ungenaues Nacharbeiten eventuelle Abweichungen bei den Maßangaben für die Querrillen auftreten).*

Material

- Grundmaterial (siehe Seite 4)
- Fotokarton in Flieder
- Hologrammkarton
- Regenbogen-Karton
- Regenbogen-Transparentpapier
- Motivlocher „Kleiner Punkt"
- Klebekissen
- 1 Steckdraht, geglüht, 30 cm lang

Vorlage 10, Bogen C

Mond und Abendstern

1. Mit dem Entwurfspapier die Vorlage des Rechtecks (gestrichelte Linien), sowie den Mond und den Stern je viermal auf den jeweiligen Fotokarton übertragen. Den Mond mit der Schere ausschneiden. Für den Stern den Cutter und das Lineal verwenden. Die Bäckchen auf Tonpapier, die Sterne für den Laternenbügel auf gelben Fotokarton übertragen und ausschneiden. Die Sterne auf die Wäscheklammern kleben.

2. Für die transparente Hinterklebung (siehe Pünktchen-Linien) die Vorlage unter das Regenbogen-Transparentpapier legen. Die Konturen von Mond und Stern nachzeichnen und ausschneiden. Die Motive von hinten gegen die Ausschnitte kleben. Mit dem Filzstift Augen und Mund aufmalen und die Bäckchen aufkleben.

3. Die fertigen Motive hinter die Fensterausschnitte der Laterne kleben. Die Laterne zusammenstecken und an den Klebelaschen fixieren.

4. Für den Laternenbügel an zwei gegenüberliegenden Stellen der Laterne ein Loch mit der Nadel einstechen. Die Drahtenden durch die Löcher führen und umbiegen. Zum Schluss die Sternenklammern am Laternenbügel anbringen.

Tipp: *Vor dem Einkleben der Motivfenster sollten Sie zuerst alle Falzungen knicken. Danach die Laterne wieder ausbreiten und die fertigen Motivfenster hinter die Fensterausschnitte kleben. Dann die Laterne zusammenstecken.*

Material

- *Grundmaterial (siehe Seite 4)*
- *1 Laternen-Zuschnitt in Rot, 13,5 x 18,5 cm*
- *Fotokarton in Dunkelblau und Goldgelb*
- *Tonpapier in Rot*
- *Regenbogen-Transparentpapier*
- *3 Mini-Wäscheklammern*
- *Filzstift in Schwarz*
- *1 Laternenbügel*

Vorlagen 11 a und b, Bogen D

Fledermaus „Fred"

1. Der Körper wird doppelt, der Kopf einfach gefertigt. Mit dem Entwurfspapier den Körper und die Schuhe zweimal auf Streifen-Karton, Kopf, Ohr und die Flügel jeweils einmal auf roten Karton übertragen. Die Ohrmuschel und das Bäckchen aus Tonpapier fertigen. Alle Motivteile ausschneiden.

2. Die Lampenfolie entsprechend der Vorlage (Pünktchen-Linie im Körper) zuschneiden. Die Schutzfolie abziehen, das Transparentpapier auflegen und mit dem Handballen glatt streichen. Die Folie hinter die Körperteile kleben.

3. Für das Mittelteil aus schwarzem Karton einen Streifen von 11 x 38,2 cm zuschneiden. An den Längsseiten das Mittelteil je 1 cm mit der Sticknadel am Lineal entlang vorfalzen. Mit der Schere die Klebelaschen bis zur Falzlinie herausschneiden und knicken. Das Mittelteil mit den Klebelaschen zwischen beide Körper kleben, siehe hierzu auch Grundkurs Seite 5.

4. Die Flügel mit Lineal und Sticknadel falzen und knicken. Flügel mit den Klebelaschen gegen die Seiten des Körpers kleben. Mit der Sticknadel zwei Löcher in den Boden der Laterne und in die Schuhe stechen. Einen längeren Wollfaden durch Schuhe und Laterne ziehen und verknoten.

5. Mit dem schwarzen Filzstift den Mund aufmalen. Das Bäckchen, die Ohrmuschel und die Nase aufkleben. Die Ohren mit der stumpfen Scherenkante wölben. Die Halbperlen als Augen anbringen. Haare aus Stickgarn gegen den Kopf kleben. Das hintere Ohr am Kopf fixieren. Das Motivteil vorerst beiseite legen.

6. Den Steckdraht in der Mitte knicken. An zwei gegenüberliegenden Stellen des Mittelteils mit der Nadel ein Loch einstechen. Die Drahtenden hindurchführen und umbiegen. Zum Schluss den Kopf aufkleben.

Material

- *Grundmaterial (siehe Seite 4)*
- *Lampenfolie, selbstklebend*
- *Transparentpapier in Rot*
- *Fotokarton in Rot und Schwarz*
- *Streifen-Karton in Schwarz und Rot*
- *Tonpapier in Schwarz und Orange*
- *2 Halbperlen in Schwarz, Ø 5 mm*
- *Stickgarn in Schwarz*
- *Wolle in Rot*
- *Filzstift in Schwarz*
- *1 Steckdraht, geglüht, 30 cm lang*

Vorlage 12, Bogen D

Leuchtendes Käferchen

1. Die Laterne wird beidseitig gefertigt. Zuerst die Vorderseite herstellen. Dazu mit dem Entwurfspapier den Körper zweimal auf schwarzen, den Kopf zweimal auf aprikosefarbenen Karton übertragen. Die beiden Flügel und die Nase auf roten, den Kragen auf gelben Tonkarton übertragen. Die Punkte für Flügel und Bäckchen aus Tonpapier fertigen. Alle Motivteile ausschneiden.

2. Mit dem Entwurfspapier die Linie des Ovals (siehe gepunktete Linie) auf das rote Transparentpapier übertragen, ausschneiden und von hinten gegen den Körper kleben. Die Punkte auf den Flügeln anbringen und die Flügel von hinten auf den Körper kleben. Das zweite Körperteil von hinten darauf fixieren, siehe auch Grundkurs auf Seite 4. Den zweiten Käfer-Körper ebenso fertigen.

3. Mit dem orangefarbenen Filzstift die Linien auf dem Kragen gestalten. Die Ovale des Kragens über die stumpfe Kante der Schere ziehen, sodass sie sich etwas wölben. Den Kopf auf den Kragen kleben. Mit dem Filzstift den Mund aufmalen und Bäckchen und Nase fixieren. Mit dem Bürolocher die Augen aus Tonpapier stanzen und anbringen. Mit Deckweiß und der Spitze des Holzspießes weiße Lichtreflexe in die Augen setzen. Die Basthaare hinter dem Oberkopf befestigen.

4. Das Motivteil auf dem Karton des Körpers fixieren. Den zweiten Kopf von hinten auf Kopf und Körper kleben (die Basthaare liegen nun dazwischen). Die Papierkordel mit einem Klecks Heißkleber von hinten gegen den Oberkopf kleben. Die Pompons mit etwas Heißkleber auf den Kordelenden fixieren. Den zweiten Käfer-Kopf ebenso fertigen.

5. Für das Mittelteil einen Streifen von 16 x 47 cm aus rotem Fotokarton zuschneiden. An den Längsseiten das Mittelteil je 1 cm mit der Nadel entlang des Lineals vorfalzen. Mit der Schere die Klebelaschen herausschneiden und nach oben knicken. Das Mittelteil entlang der ovalen Körperkontur an den ersten Käfer kleben. Den zweiten Käfer gegenüber am Mittelstreifen anbringen.

6. Für den Laternenbügel an zwei gegenüberliegenden Stellen des Mittelstreifens ein Loch einstechen, die Drahtenden durchführen und umbiegen.

Material

- Grundmaterial (siehe Seite 4)
- Fotokarton in Rot, Schwarz, Aprikose und Goldgelb
- Tonpapier in Schwarz und Rot
- Transparentpapier, extra stark, in Rot
- Edelbast in Schwarz
- 4 Mini-Pompons, in Weiß, Ø 6 mm
- Papierkordel in Rot
- Bürolocher
- Filzstift in Schwarz und Orange
- Deckweiß
- 1 Holzschaschlikspieß
- Heißklebepistole
- 1 Laternenbügel

Vorlage 13, Bogen D

Impressum

Entwürfe und Realisation: Petra Boniberger
Redaktion und Lektorat: Petra Hassler
Fotos und Styling: Oswald Visuelle Medien, Schwörstadt
Umschlaggestaltung: Franziska Döhler
Layout und Produktion: buchkonzept@web.de
Druck und Verarbeitung: Himmer AG, Augsburg

ISBN 978-3-86673-049-6
Art.-Nr. 2049

Herstellerverzeichnis

Heyda Werk GmbH, Hagen
Rayher Hobby GmbH, Laupheim
Ursus, Buntpapierfabrik Ludwig Bähr, Kassel

alle über Hobby- und Bastelfachhandel